FACULTÉ DE DROIT DE TOULOUSE.

THÈSE
POUR LA LICENCE

SOUTENUE

Par M. VIDAL (Louis-Antoine-Laurent-Charles),

Né à Tulle (Corrèze).

TOULOUSE,
IMPRIMERIE DE V° SENS ET C°,
RUE DE LA POMME, 60.

—

1852.

A MES PARENTS

HOMMAGE DE RECONNAISSANCE

ET DE RESPECTUEUX DÉVOUEMENT.

FACULTÉ DE DROIT DE TOULOUSE.

THÈSE

POUR LA LICENCE,

EN EXÉCUTION DE L'ART. IV, TITRE II DE LA LOI DU 22 VENTOSE, AN XII

SOUTENUE

Par M. VIDAL (Louis-Antoine-Laurent-Charles),

Né à Tulle (Corrèze).

JUS ROMANUM.

INST. JUST. LIB. III. TIT. I.

De hereditatibus quæ ab intestato deferuntur.

Prævalebat apud Romanos hereditas testamentaria ; patris testamentum suprema lex erat patrimonii et sacrorum successorem eligens, et intelligitur illam legem edicere cum gaudio civem Romanum quia optimum jus consecrabat. Itaque illam

1

l· gem hereditatis servabant leges cum honore. A cujus memoriâ fugit hæc duodecim tabularum vox; uti legassit super pecuniâ tutelâve suæ rei, ita jus esto. Sed deficiente hereditate testamentariâ, oriebatur ab intestato.

Quibus casibus hereditati ab intestato locus erat.

Generaliter dicitur hoc casum evenisse ; 1° cùm omninò non fecit testamentum pater familias; 2° cùm fecit, sed non justum ab initio ; 3° cùm testamentum rectè factum posteà infirmationem recepit, ruptum agnatione quâdam ; 4° deniquè cùm nullo hereditatem adeunte testamentariam, sine effectu manet testamentum, id est destitutum aut desertum.

Si quidem nullum factum fuerit testamentum, aut non justum fecerit, mortis die hereditatis dies cedit, et defertur hereditas heredibus qui illo tempore in gradu legitimo id est, proximo, sunt. Si rectè testamentum factum fuerit et posteà irritum aut destitutum fiat, eo tempore dies hereditatis ab intestato cedit quo certum est testatorem intestatum decessisse.

Quibus deferebatur ab intestato hereditas.

Intestatorum hereditas lege duodecim tabularum primùm suis heredibus, deindè agnatis et aliquandò quoque gentibus deferebantur. Solùm de suis heredibus nobis disserendum est, sed pluria tempora sunt distinguenda, nàm non fuit semper in iisdem capitibus suorum heredum imposita qualitas.

Ex lege duodecim tabularum heredes sui.

Sui heredes sunt qui morte testatoris, primo gradu, in ejus potestate sunt : nec interest utrùm naturales sui liberi aut adoptivi. Itaque heredes sui sunt, filius filia ve, nepos neptis ve ex filio pronepos proneptis ve ex nepote ex filio nato prognatus prognata ve, cùm filius aut nepos aut mortui aut patriâ potestate effugerunt emancipatione alio ve modo.

Tamen, quamvis in potestate defuncti filius sit, evenire potest, eum heredem non esse, verbi gratiâ, cùm post mortem suam judicatus est pater familiâs, ut reus perduellionis, damnatâ ejus memoriâ, quia in hoc casu hanc obtinet hereditatem fiscus.

Vice versâ, quamvis in potestate patris tempore mortis filius non sit, tamen hereditatem obtineri paternam potest veluti si captus ad hostes tempore quo obiit pater, rediit posteà, jure postliminii.

Ex duodecim tabulis, posterioris gradûs liberos non excludunt prioris gradûs liberi. Simul etenim ad hereditatem vocantur filius vel filia et ex altero filio nati, qui personam patris sui sustinentes partem ejus obtinent. Si primi gradûs sint heredes inter capita dividitur hereditas, sinon ejusdem gradûs, in stirpes. Qui sui heredes sunt inviti heredes fiunt, nàm et necessarii sunt, itaque ipso jure, etiam ignorantes constituuntur, ut furiosi, aut infantes, aut peregrinantes.

Ex jure prætorio sui heredes.

Duodecim tabularum lege, inter heredes suos non connumerabuntur nec emancipati liberi nec in adoptione familia dati, nec ex filiâ nati.

At prætor, cujus potestas tantùm valuit ad pristini juris molliendum rigorem, antiquas regulas jure civili solo firmatas accipiens, novas justitiâ et humanitate conspicuas adjecit, quæ natos emancipatos, vel in adoptionem datos plerumquè, quasi heredes patris effecerunt, etenim capitis deminutione, quâ jure civili ab hereditate amovebantur, despectâ, illis non heredum suorum nomen præbuit prætor, sed, ut solebat, occultam viam indicans, illos ad possessionem bonorum *undè Liberi*, quæ dat omnem utilitatem hereditatis, vocat.

Ergà natos in adoptionem datos auxilium invenit prætor, quod diversas species habet secondùm eorum statum.

Si natus emancipatus qui sese in adoptionem dedit, manet in adoptivâ familiâ usque ad patris mortem, possessionem *undè liberi* ei non tribuit prætor, nàm suus heres est patris adoptivi, sed in ordine cognatorum eum vocat, eique præbet possessionem *undè cognati*.

Si filius emancipatus qui sese in adoptionem dedit, ejectus fuerit emancipatione ex adoptivâ familiâ, vivente adhuc naturali patre, tunc ei possessionem *undè liberi* dat prætor.

Tandem si filius emancipatus in adoptionem datus, ejectus fuerit adoptivâ familiâ post naturalis patris mortem, non possessionem undè liberi dat prætor sed possessionem undè cognati. Non enim danda erat facultas adoptivi patri hereditatem naturalis patris tribuere aut heredibus suis aut agnatis.

Ex constitutionibus imperatorum heredes sui.

Jàm dixi ab hereditate patris exclusos esse ex filiâ natos nàm in familiâ matris non patris nascebantur. Et cùm præbens auxilium solis emancipatis et in adoptionem datis oblitus erat illos natos ex filiâ prætor, edictæ fuerunt constitutiones Valentiniano, Theodosio Arcadioque imperatoribus, quæ, hoc jus lenientes, his permiserunt matris suæ locam tenere in avi materni successione. Tamen si concurrant isti nati et heredes sui in eâdem successione minùs tertiam partem accipiunt quàm mater eorum accipisset. Si contrà nullus extiterit suus heres, nati ex filiâ agnatos excludunt quibus tota jure civili devoluta fuisset hereditas, sed tamen quartam partem quasi falcidiam obtinebant agnati.

Jus prætorinm de natis emancipatis servavit Justinianus, sed de in adoptionem datis novas admisit regulas. Ne omni jure orbentur hereditatis adoptivi liberi post mortem naturalis patris à patre adoptivo ejecti statuit in adoptionem datos non jam amissuros sua hereditaria jura in naturali familiâ, nisi filius familiâs in adoptionem avo paterno datus fuerit.

De natis ex filiâ manere statuit integram prœdictorum imperator constitutionis autoritatem, cùm sit concursus inter heredes suos et nepotes. Sed jus agnatorum in quartâ parte successionis eis abtulit.

Tandem Novellâ, natis ex filiâ jus integrum dedit in avi materni successione.

DROIT CIVIL.

Des Donations.

LIVRE III, TITRE II (Art. 1002-1047).

En droit romain et dans les pays de droit écrit, on distinguait deux sortes de dispositions testamentaires : *l'institution d'héritier et les legs.*

L'héritier institué représentait le défunt, et comme tel il était le successeur à ses biens, le continuateur de sa personne ; il était tenu de ses dettes, non pas jusqu'à concurrence de son émolument, mais *in infinitum, ultrà vires bonorum.* Il avait la saisine des biens, c'est-à-dire que les droits et les dettes du défunt passaient, dès l'instant de sa mort, de sa personne dans celle de ses héritiers qui les acquéraient *ipso jure*, sans aucune manifestation de leur volonté, et même à leur insu. L'institution d'héritier était le *caput et fundamentum testamenti*, la condition essentielle de la validité ; point de testament sans héritier institué.

Le légataire ne représentait point le défunt, il succédait aux biens et non à la personne ; il n'était tenu des dettes du défunt qu'*intrà vires bonorum*; enfin il n'avait point de saisine, aussi était-il obligé de demander la délivrance de son legs au représentant du défunt.

Dans les pays de coutume, au contraire, point d'institution d'héritier ; cette disposition était en certains lieux considérée comme annulant le testament et les legs qu'il renfermait ; dans certains autres, l'héritier institué n'était regardé que comme un légataire universel.

Le Code a abandonné tous ces systèmes et a consacré un double principe : 1° sous quelque dénomination qu'elle ait été manifestée, la volonté du testateur doit recevoir son effet ; 2° une disposition testamentaire produira les mêmes effets que le testateur l'ait qualifiée d'institution d'héritier ou de legs. Voyons comment sont divisés les legs. Les legs se divisent : en *legs universels, à titre universel, legs particulier*. Quant aux deux dernières espèces, la loi est précise et tout le monde est d'accord : les légataires à titre universel et les legs particuliers ne sont que des successeurs aux biens. En est-il de même des légataires universels ? Lorsqu'au décès du testateur il n'y aura pas d'héritiers à réserve, le légataire universel sera saisi de plein droit (Art. 1006). Dans cette hypothèse, il sera le continuateur de la personne du défunt, il la représentera, puisque la loi lui accorde le bénéfice de la saisine, qu'elle le déclare investi dès l'ouverture de la succession en le dispensant de demander la délivrance de son legs.

Legs universel.

Le legs universel est la disposition testamentaire par laquelle le testateur donne à une ou plusieurs personnes l'universalité des biens qu'il laissera à son décès. Le legs est universel lorsqu'il a pour objet la totalité de l'hérédité, c'est-à-dire l'ensemble des biens du testateur considérés comme formant une universalité juridique. Si plusieurs legs absorbaient la totalité des biens, auraient-ils le caractère de legs universels? Ils n'auront ce caractère que tout autant qu'il existera entre les divers légataires une relation qui pourra donner ouverture au droit d'accroissement. Sinon, ce ne sera plus l'universalité des biens que le testateur aura léguée à plusieurs personnes : la vocation de chaque légataire sera absolue, invariable et restreinte à une quote part déterminée de ces biens. Le legs universel est une vocation, un droit éventuel à la totalité des biens : Je dis droit éventuel, parce qu'il n'est pas nécessaire qu'il y ait certitude pour le légataire d'avoir tous les biens du testateur, il suffit qu'il y ait espoir et possibilité. Ainsi, on peut être légataire universel et ne recueillir qu'une fraction très-minime des biens et même n'en recueillir aucune. Le legs de la nue-propriété de tous les biens est universel, car cette absence de l'usufruit dans le legs n'est qu'une charge, une servitude imposée au légataire qui, en sa qualité de propriétaire, doit profiter dans un moment plus ou moins reculé, de la réunion de l'usufruit à la nue-propriété.

Dès le moment de la mort du testateur, le légataire est saisi de la propriété des biens légués. L'est-il également de l'exercice des droits que lui donne cette qualité de propriétaire ? Peut-il, de sa propre autorité, appréhender les biens héréditaires ? A cet égard il est nécessaire de distinguer le cas où le légataire universel est en concours avec des héritiers réservataires de celui où il est seul. Dans la première hypothèse, deux intérêts sont en présence, celui du réservataire et celui du légataire. A qui appartiendra la saisine, la garde, la possession provisoire des biens de la succession ? Lequel des deux sera obligé de demander la délivrance ? Le législateur a décidé en faveur de l'héritier réservataire. Il était naturel, en effet, que ce fût l'étranger, dont le titre peut être faux, et non le parent dont le titre est incontestable, qui fût soumis à cette formalité de la demande en délivrance. Au reste, il eût été peu convenable de voir celui qui est dépouillé, demander la portion que la loi défend de lui enlever, à un légataire qui ne devait pas s'attendre à succéder.

Quoique saisis de la propriété des biens, les légataires doivent donc obtenir la possession de l'héritier réservataire. A cet effet, ils doivent former une demande contre lui. Si le testament est authentique, leur demande peut être faite immédiatement, attendu que ce testament est exécutoire par lui-même; s'il est olographe, il sera présenté au président du Tribunal de première instance de l'arrondissement dans lequel la succession est ouverte. Le président en fait l'ouverture, s'il est cacheté; il dresse ensuite un procès-verbal dans lequel il relate la présentation, l'ouverture et l'état du testament; il en ordonne ensuite le dépôt chez un notaire par lui commis. Si le testament est dans la forme mystique, on devra remplir les mêmes formalités, sauf que la loi désire que l'ouverture en soit faite en la présence du notaire qui l'a reçu et des témoins signataires de l'acte de suscription qui se trouvent sur les lieux, ou eux dûment appelés. Cette délivrance, qui peut être faite à l'amiable lorsque l'héritier consent à exécuter le legs, donne lieu, lorsqu'elle est faite en justice, à des frais qui sont à la charge de la succession, sans néanmoins qu'il puisse en résulter de réduction de la réserve légale. Toutefois, les frais d'enregistrement sont à la charge du légataire.

Dans la seconde hypothèse, le légataire est saisi activement et passivement, dès la mort du testateur, de tous les droits actifs et passifs du défunt, et cela *ipso jure*. Il faut pourtant remarquer que l'art. 1006 ne reçoit toute son application, que la saisine légale n'est complète, que lorsque le droit du légataire est fondé sur un testament authentique. En effet, si ce droit dérive d'un testament olographe ou mystique, le légataire universel devra, après avoir rempli les formalités énumérées ci-dessus, présenter au président du Tribunal de l'ouverture de la succession, une requête tendant à se faire envoyer en possession, à laquelle est annexé l'acte de dépôt. Le président ordonne l'envoi en possession par une ordonnance écrite au bas de la requête.

Voyons maintenant à partir de quel moment les légataires universels ont droit aux intérêts et aux fruits des choses léguées.

Il est évident que si le testateur n'a pas laissé d'héritiers à réserve, le légataire a droit aux intérêts et aux fruits à partir du décès du testateur. Dans le cas contraire, le légataire universel n'aura la jouissance que tout autant qu'il aura formé sa demande en délivrance dans l'année à partir de cette époque ; sinon cette jouissance ne commencera que du jour de la demande formée en justice ou du jour que la délivrance aurait été volontairement consentie.

Relativement au paiement des dettes et des legs, la succession se divise d'une manière fictive en deux parts : l'une, la succession entière, est destinée au paiement des dettes ; l'autre, la portion disponible, est chargée de l'acquittement des legs. Le légataire universel est-il seul ? il paie toutes les dettes et tous les legs. Est-il en concours avec d'autres légataires universels ou à titre universel ? il ne paie dans les dettes et les legs qu'une portion correspondante à la portion active qu'il recueille. Vient-il à la succession en concours avec des héritiers à réserve ? il paie un tiers, un quart des dettes, suivant qu'il recueille le tiers, le quart de la succession ; quant aux legs particuliers, il les acquitte *tous*, parce qu'il a en totalité le disponible chargé de ce paiement.

Il ne faudrait pas regarder le mot *tous* comme synonyme du mot *intégralement* ; en effet, si les dispositions testamentaires dépassent la quotité disponible, la réduction portera et sur les legs universels et sur les legs particuliers ; il n'aura donc pas à les payer intégralement. Le contraire aura lieu dans le cas de l'art. 927, si le testateur a manifesté l'intention que tel legs soit acquitté de préférence aux autres.

Du legs à titre universel.

Le légataire à titre universel est celui qui est appelé à recueillir soit une fraction des biens dont la loi permet de disposer, soit tous les immeubles, soit tous les meubles, soit une fraction des

2

uns ou des autres. Dans aucun cas, ces légataires n'ont la saisine ; ils doivent toujours demander la délivrance de leurs legs. Lors même qu'ils devraient hériter de toute la succession, à qui doivent-ils demander cette délivrance ? à ceux qui sont saisis de la succession, c'est-à-dire aux héritiers réservataires du défunt ; à leur défaut, aux légataires universels ; enfin, à défaut de ceux-ci, aux héritiers appelés dans l'ordre de la succession. Lorsque le défunt a laissé aux héritiers à réserve et au légataire universel, le légataire à titre universel formera sa demande contre l'héritier si le légataire universel n'a pas encore obtenu la délivrance, et contre ce dernier s'il est en possession de son legs, car c'est cette fraction de biens qui est seule chargée du legs à titre universel. Si le défunt n'a laissé qu'un successeur irrégulier et un légataire à titre universel, celui-ci devra former sa demande contre ce successeur, s'il a obtenu l'envoi en possession, et dans le cas contraire, contre un curateur qu'il fera nommer à la succession. Le Code ne dit point à partir de quelle époque les légataires à titre universel ont droit aux fruits des choses léguées ; de là de vives controverses. Nous suivrons en cette matière l'avis du célèbre jurisconsulte Pothier. Partant de ce principe, que le possesseur de bonne foi fait les fruits siens, nous dirons que les héritiers étant saisis et possédant de bonne foi, gagnent tous les fruits provenant de la succession. Dans ce système, les légataires à titre universel sont assimilés aux légataires particuliers qui, d'après l'art. 1014 n'ont droit aux fruits qu'à partir de leur demande. Pourquoi n'en serait-il pas de même des légataires universels en concours avec des réservataires ? Cela tient à une considération toute particulière. On discuta très vivement au conseil d'Etat la question de savoir lequel des deux, du légataire universel ou de l'héritier réservataire, aurait la saisine ; celui-ci fut préféré, et par une espèce de compensation, on décida que les fruits seraient dûs, à partir du décès du testateur, au légataire universel, pourvu qu'il ait soin de former la demande dans l'année. Cette conclusion nous ramène aux règles du droit commun, car le bénéfice accordé au légataire universel n'est qu'une dérogation au principe que les fruits produits, soit par une chose individuelle, soit par une universalité, appartiennent à celui qui la possède de bonne foi.

Le légataire à titre universel, prenant part aux biens considérés comme universalité doit contribuer aux charges de la succession. Il paie sa part de dettes proportionnellement à la fraction de succession qu'il recueille. Si cette fraction ne consiste pas dans une quote-part déterminée, le tiers, le quart des biens, elle se calcule en comparant la valeur des biens compris dans le legs à la valeur de tous les biens de la succession. Quant aux legs particuliers, il les doit, d'après notre principe, en proportion de ce qu'il prend dans le disponible et non dans l'ensemble des biens.

Si cependant le legs à titre universel était d'une certaine espèce de biens, et qu'il s'agît de legs particuliers ayant pour objet des biens compris dans cette espèce, le légataire les devrait, par la nature même des choses, en proportion de ce qu'il prend dans cette classe de biens ; ainsi, le légataire à titre universel de tous les immeubles acquittera seul le legs particulier de telle maison.

Du legs particulier.

Le legs particulier est celui qui n'est ni universel, ni à titre universel. Ainsi, tout legs qui ne donne point vocation au tout, et qui ne rentre dans aucun des cas du legs à titre universel est particulier. Ce legs fait naître un droit dont la nature est, suivant les circonstances, un *jus in re* ou un *jus ad rem* ; en autres termes, ce droit est tantôt un droit de propriété, tantôt une simple créance, suivant que le legs a pour objet un corps certain et déterminé ou bien une somme d'argent. Dans tous les cas, et quelle que soit la nature de ce droit, le legs pur et simple appartiendra, dès le décès même du testateur, au légataire qui pourra le transmettre à ses héritiers, pourvu qu'il ait survécu d'un seul instant au testateur. Si le legs est conditionnel, il n'est ouvert, exigible et transmissible qu'au moment où la condition se réalise. Le légataire doit survivre, non-seulement au testateur, mais encore à l'événement de la condition. S'il est à terme, il est ouvert et transmissible dès le moment du décès, mais n'est exigible qu'à l'échéance du terme. Cette théorie, puisée dans le premier alinéa de l'art 1014, est applicable, non-seulement aux legs particuliers, mais même à toute espèce de legs.

Comme le légataire à titre universel, le légataire particulier n'a jamais la saisine ; en conséquence, il doit former la demande en délivrance de son legs contre ceux qui possèdent les biens chargés de l'acquittement des choses léguées. Son droit aux intérêts ou fruits remonte en principe à cette délivrance judiciairement demandée ou volontairement consentie. Mais, par exception, il existe du jour même du décès du testateur, dans les cas suivants : 1° lorsque le testateur aura expressément déclaré sa volonté à cet égard dans le testament ; 2° lorsqu'une rente viagère ou une pension aura été léguée à titre d'aliments ; la loi a supposé, dans ce cas, que le testateur avait voulu que le légataire profitât immédiatement du secours qu'il doit retirer de son legs. A ces deux exceptions prévues par le Code, on peut encore en ajouter une troisième, qui se produit toutes les fois que le légataire était déjà en possession de l'objet avant le décès du testateur. De même que les frais de paiement d'une dette doivent être supportés d'après l'art. 1248 par le débiteur, de même la quotité disponible, qui est débitrice des legs, doit supporter les frais auxquels peut donner lieu la délivrance. Quant aux droits d'enregistrement, ils sont à la charge des légataires, car ils sont dûs pour la mutation de propriété qui s'opère à leur profit. Le testateur peut cependant ordonner que les frais d'enregistrement seront à la charge de la succession, et réciproquement, que les frais de délivrance seront payés par le légataire. Il peut, en un mot, faire en cette matière toutes les dispositions qu'il jugera convenables, pourvu toutefois qu'il ne porte point atteinte à la réserve.

Autrefois, le légataire qui voulait demander son legs, devait faire enregistrer le testament tout entier et faire l'avance des frais, sauf son recours contre les intéressés. Que résultait-il de cette exigence de la loi ? il en résultait que le légataire sans fortune éprouvait de grands retards dans la délivrance de son legs ; le plus souvent il était obligé d'attendre qu'un autre eût fait enregistrer le testament. Les nouveaux principes ont aboli ces règles ; chaque legs peut être enregistré séparément sans que cet enregistrement puisse profiter à aucun autre qu'au légataire ou à ses ayant-cause.

Dès le jour du décès du testateur, un droit est né au profit du légataire. Pour jouir de ce droit, il faut le faire valoir et pour cela la loi lui accorde des actions. Au légataire universel, elle accorde : 1° l'action en partage, lorsqu'il est dans l'indivision avec un héritier réservataire ; 2° l'action en revendication contre les tiers possesseurs de choses faisant partie de la succession ; 3° l'action personnelle à l'effet de poursuivre les débiteurs du défunt. Au légataire à titre universel compétent, les mêmes actions, dans la limite de la fraction qu'il recueille. Quant aux légataires particuliers, la loi lui accorde aussi trois actions, qui sont : 1° une action en revendication, quand l'objet du legs est un corps certain dont le testateur était propriétaire ; 2° une action personnelle contre le débiteur ou les différents débiteurs du legs ; 3° enfin, elle lui accorde l'action hypothécaire sur tous les immeubles de la succession. Les héritiers du testateur seront personnellement tenus d'acquitter les legs en proportion de la part dont ils profiteront dans le disponible ; hypothécairement, ils seront tenus pour le tout jusqu'à concurrence de la valeur des immeubles de la succession dont ils seront détenteurs.

C'est à tort que les rédacteurs du Code ont appliqué la théorie de l'indivisibilité des hypothèques, à l'hypothèque du légataire ; ils ont eu crainte, en accordant contre chaque détenteur d'un immeuble de la succession une action hypothécaire mesurée sur l'action personnelle, de violer ce principe de l'indivisibilité, de fractionner une hypothèque préexistante ; ce qui, au contraire, n'aurait été qu'une création d'hypothèques principales et indépendantes. Ils se sont appuyés sur les institutes de Justinien, où il est dit que les débiteurs d'un legs sont tenus hypothécairement, et ont omis une constitution de cet empereur, qui dit d'une manière très-précise, que l'action hypothécaire ne s'exerce que dans la limite de l'action personnelle ; ils ont faussement interprété le droit romain.

Nous avons déjà dit que ce n'était pas comme continuateur de la personne du défunt, que l'héritier devait le legs ; de plus, nous avons ajouté que les legs n'étaient dûs que sur la quotité disponible. De ces principes, il faut en déduire cette conséquence que l'héritier pur et simple n'est nullement tenu d'acquitter les legs *ultrà vires bonorum* ; c'est seulement comme détenteur et jusqu'à concurrence de ces biens que l'héritier sera responsable.

Il arrive quelquefois que le testament ne présente pas sur l'étendue du legs tous les développements nécessaires ; les difficultés qui peuvent s'élever sont alors résolues par des principes que nous allons successivement exposer : la chose léguée doit être délivrée avec tous ses accessoires nécessaires, c'est-à-dire que toutes les choses qui sont le complément de l'objet principal doivent être comprises dans le legs. — Elle doit être délivrée dans l'état où elle se trouvera au jour du décès du donateur. Prise à la lettre, cette proposition peut induire en erreur, et faire considérer les détériorations ou améliorations survenues depuis le décès du donateur, comme étrangères au légataire ; or, telle n'est pas la pensée de la loi.

Quelque modification qu'ait subi l'objet légué avant le décès du donateur, c'est le légataire qui en profitera ou en souffrira. Si maintenant nous considérons les changements survenus entre la mort et la délivrance, notre proposition ne recevra plus la même application. Les altérations ou améliorations proviennent d'un fait accidentel, seront le résultat d'un cas fortuit, ou bien elles proviendront d'un fait de l'héritier. Dans le premier cas, le débiteur se libérera en livrant la chose dans l'état où elle se trouve au moment de la livraison ; dans le second, le légataire devra une indemnité à l'héritier pour les améliorations, sauf à en réclamer une pour les détériorations provenant du fait de celui-ci. La loi fait elle-même l'application de cette théorie, lorsqu'elle décide que les constructions nouvelles, plantations, embellissements faits par le testateur de la chose léguée font partie de la chose léguée.

Quant aux immeubles acquis à côté de celui qu'on avait légué, le Code ne les regarde comme accessoires du premier que lorsqu'il s'agit d'un enclos et que le testateur en a reculé les clôtures de manière à former toujours un seul enclos plus considérable. Si au lieu d'augmenter des constructions déjà existantes, le testateur avait bâti sur terrain précédemment nu, il faudrait distinguer si la construction n'est que l'accessoire du terrain, comme les bâtiments d'une ferme, le tout est compris dans le legs; si au contraire elle modifie l'objet légué au point qu'il soit absorbé et ne puisse être reconnu, le legs s'évanouit.

L'art. 1020 présente une autre application de ce principe que la chose doit être délivrée dans l'état où elle se trouve au moment du décès du testateur. Il dispose, en effet, que l'héritier sera quitte envers le légataire lorsqu'il lui aura livré l'immeuble tel qu'il l'aura reçu dans la succession, c'est-à-dire grevé par son auteur d'un droit d'hypothèque ou d'usufruit. Il ne sera obligé de l'affranchir que tout autant que le testateur le lui aura ordonné par une clause expresse du testament.

Le Code a déclaré que le legs de la chose d'autrui était nul soit que le testateur ait su, soit qu'il ait ignoré que la chose léguée ne lui appartenait pas ; et cela, contrairement aux principes du droit romain en cette matière et pour tarir la source des nombreux procès auxquels elle donnait lieu. Il ne faut pourtant pas prendre tout-à-fait à la lettre cette prohibition qui a été établie plutôt pour forcer le testateur à s'expliquer clairement que pour l'empêcher de léguer la chose d'autrui. Ce que la loi exige avant tout, c'est un legs certain et non douteux. Lorsque le donateur n'aura déterminé la chose léguée que quant à son espèce, l'héritier aura bien le choix de l'objet à livrer à moins de déclaration contraire de sa part, mais il ne pourra se libérer par une chose de la plus mauvaise qualité; d'un autre côté, il ne pourra être forcé de donner une chose de la meilleure. Le legs qui s'adresse à un créancier peut ne lui être fait qu'en compensation de sa créance dans le but de lui procurer un titre nouveau ; mais cette nature purement compensatoire du legs ne se présume pas, elle doit résulter des termes mêmes du testament. Les dettes étant la charge de l'ensemble du patrimoine, et non de tel ou tel bien particulier, il s'ensuit que le légataire particulier n'est point tenu des dettes du défunt. Cette règle doit être entendue en ce sens que les legs particuliers doivent être acquittés sans aucune déduction, lorsqu'après les dettes payées il reste assez de biens pour les acquitter. Toutefois, les légataires particuliers qui ont reçu un immeuble affecté d'hypothèque peuvent être actionnés par le créancier hypothécaire, sauf leur recours contre les successeurs universels.

Des exécuteurs testamentaires.

Lorsqu'un testateur craint que les héritiers ou successeurs universels n'apportent pas dans l'exécution de ses volontés dernières toutes les diligences nécessaires, il charge certaines personnes d'exécuter ses dispositions testamentaires. Ces personnes, que l'on nomme des exécuteurs testamentaires, sont des mandataires dont le mandat diffère des mandats ordinaires, en ce que loin de finir à la mort du mandant il ne commence qu'à ce moment. L'exécution testamentaire n'est point une charge publique, celui qui est nommé peut donc ne pas accepter la mission qui lui a été confiée. Mais le plus souvent le testateur fait un don à son mandataire pour le dédommager de la charge qu'il lui impose ; si ce dernier accepte la chose qui lui a été léguée, il ne peut refuser le mandat. Si le testateur n'a point nommé d'exécuteur testamentaire, il est présumé avoir confié l'exécution de son testament à ses héritiers. De ce que l'exécuteur testamentaire est un mandataire, il suit qu'il ne peut renoncer au mandat, tant que le mandant est dans l'impossibilité de gérer son affaire ou de la confier à un autre (c'est précisément là le cas qui nous occupe), à moins toutefois que la poursuite de sa gestion ne doive lui occasionner un préjudice considérable. Les successeurs de l'exécuteur testamentaire n'héritent point de la charge ; cependant ils sont tenus d'informer les héritiers du décès de cet exécuteur et de pourvoir à ce que les circonstances exigent. Les frais de l'exécution sont à la charge de la succession et non à celle de celui qui exécute.

Qui peut être nommé exécuteur testamentaire? Nous avons déjà dit que l'exécution testamentaire n'était autre chose qu'un mandat; cependant les personnes qui peuvent être chargées d'un mandat ordinaire ne sauraient être chargées de l'exécution d'un testament. Les femmes mariées, même non autorisées, les mineurs peuvent être choisis pour mandataires, parce que c'est à celui qui confie ses affaires à une personne à s'éclairer sur le degré de confiance qu'il doit lui accorder. Mais la règle est différente en notre matière. L'exécuteur testamentaire représente des personnes qui ne l'ont point nommé, des héritiers qui ne l'ont point choisi, il est donc très-juste d'offrir à ces personnes des garanties plus considérables que dans les mandats ordinaires. Aussi la loi n'a-t-elle permis de nommer exécuteurs testamentaires que des personnes capables de s'obliger et d'engager en s'obligeant la pleine propriété de leurs biens. Les héritiers ne seront pas tenus d'accepter les mineurs même autorisés de leurs tuteurs ou curateurs, les femmes mariées qui en s'obligeant n'engageraient pas la pleine propriété de leurs biens. Parmi ces dernières personnes, celles qui, mariées, auront l'autorisation de leur mari, ou qui séparées de biens auront été autorisées par mari ou par justice, pourront accepter valablement l'exécution d'un testament. Les héritiers devront accepter la femme connue qui aura obtenu l'autorisation de la justice à défaut de celle de son mari. Ils n'y seront point tenus, car la femme connue qui s'oblige avec l'autorisation de la justice n'engage que la nue-propriété de ses biens. Suivant quelques coutumes, les exécuteurs testamentaires acquéraient autrefois de plein droit la saisine des meubles ; suivant d'autres, celle des meubles ou des immeubles. Aujourd'hui, les exécuteurs testamentaires n'ont jamais la saisine que de tout ou partie du mobilier ; et encore faut-il pour cela une disposition expresse du testateur. Au moyen de cette saisine, l'exécuteur testamentaire peut appréhender les biens, les détenir, mais il ne les détient jamais qu'à titre de dépôt de séquestre et pour le compte des héritiers ; le testateur peut le donner, pour quelques mois seulement, pour un an et un jour à partir de son décès, mais jamais il ne peut l'accorder pour un temps plus long. Le Code est assez explicite à cet égard pour ne pas hésiter dans cette réponse. Pour faire cesser la saisine, l'héritier n'aura qu'à offrir une somme suffisante aux exécuteurs testamentaires pour le paiement des legs mobiliers, ou à justifier de ce paiement. Les obligations des exécuteurs testamentaires ont plus ou moins d'étendue, suivant qu'ils ont la saisine du mobilier ou qu'ils ne l'ont point.

Quelles seront ces obligations lorsqu'ils auront la saisine ? Ils feront apposer les scellés s'il y a des héritiers mineurs, interdits ou absents ; en présence de l'héritier ou lui dûment appelé, ils feront faire l'inventaire des biens de la succession ; ils provoqueront la vente du mobilier à défaut de deniers suffisants pour acquittement des legs ; ils devront enfin veiller à l'exécution du testament, soutenir la validité s'il est attaqué, et rendre compte de leur gestion à l'expiration de l'année du décès du testateur Quand l'exécuteur testamentaire n'a point reçu la saisine du mobilier, il n'est point tenu de faire apposer les scellés. Mais il en a toujours la faculté puisqu'il est chargé de prendre toutes les mesures nécessaires pour assurer l'exécution des legs. Dans tous les cas, et qu'il soit saisi ou non, il peut, à défaut de deniers suffisants pour acquitter les legs, provoquer la vente des meubles et intervenir, pour soutenir les droits des légataires, dans toutes les contestations élevées sur l'exécution du testament.

Jusqu'ici nous n'avons vu comment était gérée la charge d'exécuteur testamentaire que lorsqu'elle avait été notifiée à un seul. Voyons comment se passent les choses lorsque le testateur a nommé plusieurs exécuteurs testamentaires. Si plusieurs exécuteurs testamentaires ont accepté, leurs droits et obligations se déterminent d'après une distinction bien simple : Si le testateur a divisé les fonctions, chacun d'eux doit se renfermer dans celles qui lui ont été assignées ; il n'existera entre eux aucune solidarité, à moins qu'ils n'aient empiété les uns les autres sur leurs attributions respectives ; si les fonctions n'ont point été divisées, chaque exécuteur pourra agir à défaut des autres ; chacun d'eux se trouvera avoir les mêmes pouvoirs que s'il avait été choisi seul, et ils seront solidairement responsables du mobilier qui leur aura été confié. Si dans le cas de plusieurs exécuteurs testamentaires, il y a acceptation de quelques-uns seulement et refus des autres, c'est d'après l'ensemble des circonstances qu'il faudra apprécier, en fait, quelle a été pour ce cas l'intention du disposant.

Il nous reste avant de terminer cette matière à examiner la question suivante, savoir : si le testateur peut dispenser son exécuteur testamentaire, 1° de l'obligation de faire un inventaire ; 2° de l'obligation de rendre compte. Le testateur peut ordonner, comme il l'entend, l'exécution de son testament ; toutefois, le mandat qu'il donne ne doit point porter atteinte à l'ordre public ni compromettre les intérêts de ceux qu'il fait représenter. Dèslors nous dirons que l'exécuteur testamentaire peut être dispensé de faire inventaire, parce que les héritiers pourront y faire procéder s'ils le jugent convenable ; mais d'un autre côté, il ne pourra dans aucun cas se dispenser de rendre ses comptes, attendu que c'est la garantie la plus importante pour les droits de ceux qui doivent subir l'exécution testamentaire.

De la révocation des testaments et de leur caducité.

Jusqu'à ses derniers instants, un testateur peut modifier ses dispositions testamentaires ; cette faculté est de l'essence même du testament, qui ne peut avoir d'existence légale qu'après le décès de son auteur ; d'où il suit que toute clause qui tendrait à interdire au testateur l'exercice de ce droit, serait contraire à l'ordre public et devrait être considérée comme nulle et non écrite. Un testament peut être révoqué ou bien devenir caduc ; la révocation, c'est la rétraction expresse ou tacite de la part du testateur d'un testament ou d'un legs ; tandis que la caducité, c'est son annulation par suite d'un événement indépendant de la volonté du testateur ou qui met obstacle à ce que la libéralité soit recueillie par celui à qui elle avait été faite.

Révocation. — Elle est expresse ou tacite : *expresse*, lorsque dans un acte postérieur le testateur déclare son changement de volonté ; *tacite*, lorsqu'il fait de nouvelles dispositions incompatibles avec les premières ou qui peut supposer chez lui un changement de volonté.

La loi ne reconnaît que deux modes de révocation expresse : 1° la révocation par un testament postérieur ; 2° la révocation par acte notarié. Pour que ce premier mode de révocation reçoive son effet, il suffit que le second testament ait été fait dans les formes légales, par une personne capable, alors même que les legs qui y sont contenus, ne pourraient être exécutés par suite de l'incapacité du légataire ou de leur refus. La révocation par acte notarié n'exige pour sa validité qu'un acte notarié ordinaire, dispensé des formes exceptionnelles du testament public.

Pour qu'il y ait révocation tacite, il faut qu'il y ait de la part du testateur un acte quelconque qui manifeste son intention de changer sa volonté. Les faits d'après lesquels les juges doivent ou peuvent induire cette révocation se réduisent à deux : 1° dispositions nouvelles incompatibles avec les premières ; 2° aliénation des objets légués. Dans le premier cas, il doit résulter des circonstances que le testateur a eu la volonté de supprimer les premières dispositions pour y substituer les secondes ; dans le second, la loi demande seulement que le testateur l'ait voulu et cru aliéner. Toutefois, il ne suffirait pas d'une aliénation faite sous une condition suspensive qui ne s'est pas accomplie, car le testateur n'a entendu aliéner l'objet et le retirer au légataire que tout autant que tel événement arriverait. A ces deux premières causes de révocation tacite, on peut en ajouter une troisième qui consiste dans la suppression de l'acte testamentaire.

Caducité. — Les legs s'évanouissent, deviennent caducs de plusieurs manières : 1° Lorsque le légataire meurt avant le testateur ; le legs a été fait en considération de la personne ; il ne peut s'ouvrir qu'en faveur de cette personne ; 2° lorsque ayant survécu au testateur, il meurt avant la réalisation de la condition, si le legs est conditionnel, ou bien lorsque la condition à laquelle était subordonnée la validité du legs est défaillie ; 3° quand le légataire refuse le legs ; 4° quand il se trouve incapable de se recueillir ; 5° enfin, lorsque l'objet légué périt du vivant du testateur. Nous voyons donc que le prédécès, le refus ou l'incapacité du légataire produisent la caducité. Cette caducité est-elle absolue ? est-elle relative ? Elle est absolue si le légataire d'un objet est seul appelé à recueillir cet objet, car lorsque ce légataire prédécède, refuse ou devient incapable, le legs n'existe plus et la chose léguée revient au débiteur. Elle est relative, lorsqu'il existe plusieurs légataires et que chacun étant appelé à la totalité, est avantagé en vertu d'un droit appelé *droit d'accroissement*, par la mort, le refus ou l'incapacité de son co-légataire. Comme dans le cas précédent, il y a bien caducité, mais seulement quant au légataire défaillant et non quant au legs lui-même. Examinons quelle est la nature de ce droit d'accroissement.

Lorsqu'un testateur a légué à plusieurs légataires une même chose, et à chacun la chose entière, chacun d'eux a droit au tout. S'en suit-il que l'exécution du legs répondra à la vocation ? que chaque légataire aura la totalité ? Non, sans doute, car s'ils viennent tous, l'objet légué subira forcément un partage, et chaque légataire n'en recevra qu'une fraction. Mais si l'un d'eux reste seul, ses co-légataires ne lui faisant plus obstacle, il prendra le legs en totalité, son droit ne subit aucune diminution, il prend le tout, non par *droit d'accroissement*, mais par droit de *non-décroissement*, parce qu'il avait droit au tout et que rien ne s'oppose plus à ce que son droit s'exerce tout entier. Nous pouvons donc définir le droit d'accroissement, le droit qu'a un légataire de retenir la totalité d'une chose dont il n'aurait eu qu'une partie, si ses co-légataires eussent accepté comme lui.

Les légataires sont appelés à jouir de ce droit lorsque le legs a été fait à plusieurs conjointement. Mais quand le legs a-t-il été fait conjointement ? Le Code a laissé de côté l'ancienne classification des conjonctions *re tantùm*, *re et verbis*, *verbis tantùm* et a posé ce principe, qu'il y aura lieu à accroissement toutes les fois qu'il y aura vacation à la totalité pour chaque légataire, laissant aux magistrats le soin de décider si cette vocation existe ou n'existe pas. Il s'est contenté d'indiquer deux cas dans lesquels la conjonction, la vocation à la totalité pour chaque légataire se présume de plein droit : 1° lorsque le legs a été fait par une seule et même disposition et que le testateur n'a pas assigné la part de chacun des co-légataires dans la chose léguée ; 2° quand le bien donné par le même acte à plusieurs personnes, même séparément, n'est pas susceptible d'être divisée sans détérioration. Dans tous les autres cas, ce sera au juge à examiner s'il y a vocation à la totalité et par suite s'il y a lieu au droit d'accroissement.

Il nous reste, pour avoir épuisé en entier notre matière, à dire quelques mots de la révocation encourue par le fait du légataire. Le legs n'est point comme la donation révocable pour cause de survenance d'enfant ; mais comme elle, il est révocable pour causes : 1° d'inexécution des conditions ; 2° d'ingratitude. Pour cause d'ingratitude, il est révocable dans les cas suivants : lorsque le légataire attente à la vie du testateur ; lorsqu'il s'est rendu coupable envers lui de délits, sévices ou injures graves ; enfin lorsqu'il a gravement injurié la mémoire du testateur défunt.

Dans ce dernier cas, la loi limite la durée de l'action en révocation à une année, à partir du jour du délit. Pour le cas d'inexécution des conditions, l'action durerait trente ans, et enfin lorsque le légataire s'est rendu coupable envers le testateur de crime ou délit, l'action en révocation doit avoir la même durée que l'action principale pour le crime ou le délit.

PROCÉDURE.

Des ouvertures à cassation et de la procédure devant la cour de cassation.

La cour de cassation est principalement instituée pour statuer sur les demandes en cassation contre les arrêts des cours d'appel, ou les jugements en dernier ressort des tribunaux civils ou de commerce, des arbitres forcés, des conseils de prud'hommes et des justices de paix. Sa juridiction, qui ne forme point un troisième degré, diffère essentiellement de celle qu'exercent les autres tribunaux qui lui sont subordonnés et sur lesquels elle étend son autorité. Parmi les attributions, la plus importante est la *cassation*, voie extraordinaire ouverte par la loi moins dans un intérêt privé que dans un intérêt public, pour arriver à la rétractation d'une décision judiciaire rendue en dernier ressort, et contre laquelle il n'existe aucune autre voie de recours. Elle ne statue jamais sur le fond des affaires ; elle se borne, lorsqu'un jugement ou arrêt lui est déféré, soit par une partie privée, soit par le ministère public, à examiner, non pas si le jugement ou l'arrêt a été bien rendu au fond, s'il a fait justice aux parties, mais uniquement si les ouvertures ou moyens de cassation qui sont proposés devant elle, sont bien justifiés par le demandeur qui attaque le jugement. La demande en cassation est donc un nouveau procès, bien moins entre les parties qui figurent dans le premier, qu'entre la décision attaquée et la loi. Les moyens sur lesquels peut être basé le recours en cassation peuvent se réduire à quatre cas particuliers.

Ouvertures de cassation.

1° *Violation de la loi.* — Pour juger si la loi a été ou non violée, la cour de cassation doit prendre comme constants les faits attestés par le jugement attaqué ; elle n'est pas en effet constituée pour connaître du fond des affaires, elle doit seulement rectifier les erreurs de droit des différents tribunaux. La violation de la loi doit être expresse, son application trop rigoureuse ne donnerait pas lieu à un recours ; elle doit, en outre, s'appliquer au texte et non pas aux motifs de la loi ; enfin elle doit se trouver dans le dispositif du jugement ou de l'arrêt contre lequel est dirigé le pourvoi.

2° *Incompétence ou excès de pouvoir.* — Il y a incompétence, lorsque le juge connaît d'une affaire que la loi a attribué à un autre tribunal. Il y a excès de pouvoir, lorsque le juge sort du cercle de ses attributions et fait ce que la loi lui défend ou ne lui permet pas de faire. Dans tous ces cas, il y a ouverture à cassation.

3° *Violation des formes.* — La violation des formes ne motive en général que la requête civile ; cependant elle donne lieu à la cassation, lorsqu'elle provient du fait des juges et qu'elle s'applique à des formes essentielles ou prescrites à peine de nullité. (Par exemple, si le jugement ne contient ni motif, ni point de fait, ni point de droit.)

4° *Contrariété de jugement.* — Ce cas d'ouverture, comme le précédent, ne constitue, en général, qu'un moyen de requête civile, à moins que les deux jugements directement opposés l'un à l'autre aient été rendus entre les mêmes parties par deux tribunaux différents, ou que les jugements rendus par le même tribunal, l'exception tirée de la chose jugée n'ait été expressément opposée devant le tribunal, lors du dernier jugement.

Procédure du pourvoi en cassation.

Pourvoi. — On désigne sous ce nom l'acte par lequel on défère un jugement ou un arrêt à la censure de la cour de cassation. Il est rédigé par un avocat au conseil auquel on doit transmettre promptement toutes les pièces et tous les renseignements relatifs au procès. — Le pourvoi contient : 1° les noms, professions et demeures du demandeur et du défendeur ; 2° l'indication de l'arrêt attaqué ; 3° les moyens de cassation ; 4° les conclusions ; 5° l'énonciation que l'on a joint au pourvoi, la copie signifiée ou l'expédition de la décision attaquée, et la quittance de consignation de l'amende, lorsqu'il y a lieu à en déposer une. Il est, à peine de nullité, signé et présenté par un avocat au conseil. Lorsque les moyens ne sont pas contenus au pourvoi, on peut réparer cette omission en présentant une requête d'ampliation dans le délai du recours ; s'ils y sont contenus sans être développés, ils le sont valablement dans un mémoire ampliatif présenté après le délai du recours. Le délai pour présenter ce mémoire est de un mois pour les affaires urgentes, et de deux mois pour les affaires ordinaires. Le pourvoi est déposé au greffe de la cour de cassation avec les pièces, il en est donné récépissé par le greffier.

Avant de déposer son pouvoir, le demandeur en cassation doit, en matière civile, consigner une amende de 150 fr. pour les arrêts ou jugements contradictoires, et de 75 fr. pour ceux par défaut ou par forclusion. Cette amende est augmentée du dixième, que l'on consigne en même temps. On doit consigner autant d'amendes qu'il y a de demandeurs agissant dans un intérêt séparé, quoique le pourvoi soit formé collectivement. L'Etat et les personnes indigentes sont dispensées de la consignation de l'amende.

Hors ces deux cas, la consignation donne lieu au rejet pur et simple. En matière civile, le pourvoi ne suspend pas en général l'exécution de l'arrêt attaqué, sauf quelques cas spéciaux qui nous sont indiqués par les art. 241, 242, 243 du Code de procédure civile.

Instruction devant la chambre des requêtes.

Lorsque le pourvoi a été déposé au greffe, le président de la chambre des requêtes nomme dans le mois un conseiller pour en faire le rapport. Le rapporteur est tenu de remettre les pièces au greffe avec son rapport écrit, savoir : pour les affaires urgentes dans le mois, et pour les affaires ordinaires dans les deux mois à dater de la distribution. Lorsque les pièces ont été remises au greffe, l'affaire est inscrite sur le rôle d'audience. Le jour même, les pièces sont envoyées au parquet, lorsque les conclusions ont été préparées par les avocats-généraux trois jours au moins avant celui où l'affaire doit être portée à l'audience. Les avocats sont avertis par les commis-greffiers du jour où l'affaire doit venir. A l'audience les avocats sont entendus, après que le conseiller a fait son rapport ; s'ils le requièrent, le ministère public l'est aussi, et la chambre des requêtes rend son arrêt qui admet ou rejette la requête. Dans ce dernier cas, l'arrêt est motivé, et le demandeur condamné à l'amende consignée. Dans le premier cas, au contraire, l'arrêt n'est pas motivé, il ordonne seulement que la requête civile sera signifiée au défendeur avec assignation de comparaître devant la chambre civile ; c'est cet arrêt que l'on nomme *arrêt de soit communiqué*. Il est signifié dans les mêmes délais que ceux accordés pour former le pourvoi, et suivant les formes ordinaires des exploits.

Instruction devant la chambre civile.

L'avocat du défendeur rédige et signe un mémoire en défense, le signifie à l'avocat du demandeur et le dépose ensuite au greffe avec les pièces justificatives, l'avocat du demandeur peut répliquer, l'affaire est alors en état. La procédure est ensuite la même que celle pour arriver à l'arrêt de la chambre des requêtes. La chambre civile, après avoir entendu le rapport de l'un de ses membres, les plaidoiries des avocats et les conclusions du ministère public, et en avoir délibéré, rejette le pourvoi ou casse l'arrêt attaqué.

Dans le premier cas, le demandeur est condamné : 1° à 300 fr. d'amende dans lesquels sont compris les 150 francs consignés avant le dépôt du pourvoi ; 2° à 150 francs d'indemnité envers le défendeur et en outre aux dépens de l'instance. Dans le second cas, c'est-à-dire lorsque la chambre civile casse l'arrêt attaqué, elle ordonne la restitution de l'amende consignée et des sommes qui peuvent avoir été perçues en exécution de cet arrêt ; elle remet les parties dans l'état où elles étaient avant l'arrêt cassé, et renvoie l'affaire devant un des trois tribunaux du même ordre le plus voisin de celui dont la décision a été annulée. Il faut remarquer, en terminant, que les originaux des pourvois et mémoires à produire sont écrits sur papier timbré et que le pourvoi en cassation est soumis à un droit fixe d'enregistrement de vingt-cinq francs.

DROIT CRIMINEL.

De la prescription extinctive de l'action publique et de l'action civile.

(Code d'Instruction criminelle, art. 637, 638, 640, 643).

Tout crime, tout délit, toute contravention, en un mot, toute infraction à la loi pénale renferme une atteinte plus ou moins grave à l'ordre public, et donne naissance à une action qui est exercée suivant les règles que la loi établit et par les personnes auxquelles elle donne ce pouvoir. Outre cette atteinte portée à l'ordre public, il arrive parfois que le fait coupable cause un dommage, un préjudice à une partie privée; il s'ensuit alors une action qui n'a rien de pénal, qui a un caractère tout-à-fait civil, et qui se déduit de ce principe de droit civil, que tout dommage causé par une personne doit être réparé par son auteur. De ces deux actions, l'une l'action publique, pour l'application de la peine, s'éteint par la mort du prévenu; tandis que l'autre, l'action civile, pour la réparation du dommage, peut être exercée contre le prévenu et contre ses représentants. Elles s'éteignent toutes les deux par la *prescription* (Code d'instr. crim., art. 2).

La prescription, en matière criminelle, est un moyen d'acquérir l'impunité. Instituée dans le Droit Romain, elle a été successivement admise, en matière criminelle, par toutes les législations, ou généralement suppléée par la jurisprudence. Quoique admise dans l'ancien droit, il y avait pourtant certains crimes qui ne se prescrivaient jamais à cause de leur gravité. Aujourd'hui, sous la nouvelle législation, il n'y a plus de crimes imprescriptibles.

Cette institution a puisé son fondement dans des idées communes à tous les hommes. En effet, il serait injuste de poursuivre une accusation, lorsqu'un grand nombre d'années se serait écoulé depuis la perpétration du crime, attendu qu'il serait très-difficile à l'accusé de se justifier, par suite de l'éloignement des circonstances qui ont accompagné le fait incriminé. Ensuite, il y a lieu de croire que les indices du crime sont à peu près effacés, et que la vérité ne peut apparaître d'une manière assez frappante pour donner aux juges le moyen de rendre des jugements qui ne soient pas fondés sur des erreurs. Ajoutons que l'horreur du crime semble s'être affaiblie à mesure que le trouble social s'est éloigné, et que d'ailleurs l'accusé a expié son crime par la crainte et le remords qui l'ont poursuivi pendant un si long temps. Il y a deux sortes de prescriptions en matière criminelle : l'une qui s'applique aux actions, l'autre aux peines. Nous n'avons à nous occuper que de la première, de la prescription relative aux actions, qui se divise en prescription de l'action publique et prescription de l'action civile.

Prescription de l'action publique.

La prescription de l'action publique varie suivant qu'il s'agit de crimes, de délits ou de contraventions de police. Toutefois, on a confondu la prescription des actions criminelles et celle des actions correctionnelles, parce qu'elles ne diffèrent que par leur durée, et qu'elles ont toutes leurs autres règles communes. Ainsi, l'action publique résultant d'un crime se prescrit après dix années révolues; tandis que l'action publique résultant d'un délit se prescrit après trois années. A partir de quelle époque commencent à courir ces délais afin de prescrire ? Ces délais courent à compter du jour où le crime a été commis, si, dans cet intervalle, il n'a été fait aucun acte d'instruction ni de poursuite. Si, dans l'intervalle de dix ans, il a été fait des actes d'instruction ou de poursuite non suivis de jugement, l'action publique ne se prescrit qu'après dix années révolues à compter du dernier acte, à l'égard même des personnes qui ne seraient pas impliquées dans cet acte d'instruction ou de poursuite.

Le délai de la prescription est déterminé, non par la fausse qualification qui aurait été donnée au fait, ou par la nature des poursuites, mais par la qualification qui est définitivement reconnue lui appartenir. En conséquence, le temps nécessaire pour prescrire un fait qualifié crime et poursuivi comme tel n'est que de trois ans, si par suite de la déclaration du jury, ce fait se trouve ne constituer qu'un délit. Réciproquement et par la même raison, un individu poursuivi pour un simple délit, et qui par suite des débats serait déclaré coupable avec des circonstances aggravantes qui donneraient au fait le caractère de crime, ne pourrait invoquer que la prescription de dix ans ; c'est ce qui a été jugé par la cour de cassation, le 21 juillet 1820. Le point de départ de la prescription est, d'après le Code, le jour, l'instant où le crime a été commis, lorsque depuis le crime il n'a pas été fait d'acte d'instruction ou de poursuite. Cependant, il faut distinguer à cet égard, entre les crimes instantanés, comme le sont la plupart des crimes et ceux qui sont en quelque sorte successifs, qui consistent dans une série d'actes. Prenons pour exemple le cas de séquestration ou de détention illégale de personnes, prévu et puni par l'art. 341 du Code pénal, et voyons quel sera le point de départ de la prescription, en supposant qu'il n'ait été fait aucun acte d'instruction ni de poursuite. Les dix ans nécessaires pour prescrire commenceront-ils à courir du jour où il a retenu, séquestré ? ou bien du jour où le crime a cessé ? Le délai ne commencera à courir qu'à partir du moment où le crime aura cessé, où la personne détenue aura recouvré sa liberté, car ce sera là le dernier instant du crime, par conséquent le point de départ de la prescription.

Nous voyons donc que la prescription commence à compter du moment où le fait est commis; or, si le fait est unique, isolé, il ne peut s'élever de doute sur le point de départ ; s'il se compose de plusieurs faits, dont la réunion est nécessaire pour constituer le crime, la prescription ne commencera qu'à partir du dernier fait qui est un des éléments de l'action coupable. Quant à l'interruption de la prescription, elle résulte en matière de crimes ou de délits de tous actes d'instruction ou de poursuite faits par des officiers de police judiciaire.

L'art. 640 du Code d'instruction criminelle règle la manière dont s'acquiert la prescription de l'action publique résultant d'une contravention de police. L'action publique, pour une contravention de police, dit cet article, sera prescrite après une année révolue à compter du jour où elle aura été commise, même lorsqu'il y aura procès-verbal, saisie, instruction ou poursuite ; si, dans cet intervalle, il n'est point intervenu de condamnation ; s'il y a eu un jugement définitif de première instance de nature à être attaqué par la voie de l'appel, l'action publique se prescrira après une année révolue à compter de la notification de l'appel qui en aura été interjeté. Nous voyons donc que lorsqu'une année s'est écoulée sans qu'il ait été statué définitivement, soit en première instance, soit en appel sur les contraventions de police, l'action publique est prescrite. Cette prescription court du jour où la contravention existe et non de celui où elle a été constatée par un procès-verbal. La date du délit doit servir de point de départ.

Nous dirons des contraventions ce que nous avons déjà dit des crimes et des délits, c'est-à-dire qu'elles peuvent consister ou dans un fait unique ou dans une série de faits qui se renouvellent et mettent le coupable dans un état permanent de contravention ; alors la prescription ne commence à courir que du dernier de ces faits.

Prescription de l'action civile.

Les art. 637, 638, 640 du Code d'instruction criminelle renferment dans des dispositions communes la prescription de l'action publique et de l'action civile. Tout ce que nous avons dit sur l'action publique est donc applicable à l'action civile, sauf quelques observations. Le Code d'instruction criminelle règle la prescription de l'action civile, mais non point l'extinction de l'instance civile engagée séparément. Celle-ci ne peut s'éteindre que par les causes ordinaires d'extinction des instances civiles. Si l'action publique a été jugée sans que l'action civile eût été engagée, la cour de cassation a décidé que la prescription spéciale devait être appliquée à l'action civile.

La prescription établie par les lois criminelles n'est applicable aux actions civiles qu'autant qu'elles ont réellement pour base un crime, un délit ou une contravention ; aussi ne s'applique-t-elle pas aux actions en revendication, restitutions d'effets intentés contre une personne qui les a volés ou détournés.

Le chapitre de la prescription en matière criminelle se termine par l'art. 643 qui déclare que les dispositions de ce chapitre de la prescription ne dérogent point aux lois particulières relatives à la prescription des actions résultant de certains délits ou de certaines contraventions.

Cet article n'est guère que de renvoi, et il suffit d'indiquer quelques-unes des matières soumises à des règles particulières de prescription ; ainsi, les délits commis en matière de chasse, les délits ou contraventions commises en matière rurale, enfin les délit, en matière forestière. Nous terminerons en faisant remarquer que cet article ne renvoie à des lois spéciales, pour certaines prescriptions particulières, que pour les actions résultant de certains délits ou de certaines contraventions ; d'où il faut conclure que, même pour les matières spéciales dont nous avons parlé, la prescription des peines, bien différente de la prescription des actions, n'est pas comprise dans l'art. 643 qui se réfère uniquement aux actions.

Vu par le président de la Thèse,

DUFOUR.

Cette Thèse sera soutenue dans une des salles de la Faculté, en séance publique, le août 1852.

1852

www.ingramcontent.com/pod-product-compliance
Lightning Source LLC
Chambersburg PA
CBHW060520050426
42451CB00009B/1081